DEPORTIVAS DOMINICANAS
VLADIMIR GUERRERO

J. C. MALONE

Copyright © J.C. Malone 2025.

ISBN-13: 978-0-9671705-5-8

ISBN-10: 0-9671705-5-9

Queda prohibida la reproducción parcial o total de este trabajo, sin la autorización legal del autor y de la Editorial Miglo, Inc.

Las fotografías de este trabajo fueron aportadas por los archivos de los periódicos dominicanos Listín Diario, Hoy, El Nacional y El Nuevo Diario. También por cortesía de los fotógrafos, Juan Tomás Valenzuela, Enrique Betances y Juan Vivenes.

Diseño: Ramón (Milito) Peralta: ramonp@verizon.net.

Editor: Juan Torres: escritorjuantorres@gmail.com

Contenido

Dedicatoria...9

Estrellas Deportivas Dominicanas....10

Dominicanos y Béisbol....13

El Ángel de Don Gregorio...19

Ahí Viene Vladimir....33

La Segunda Oportunidad....49

En San Pedro de Macorís....59

Las Grandes Ligas....65

Compartiendo Las Bendiciones....73

Vladimir Guerrerro

Dios, Familia, Humildad y Comunidad....81

Vocabulario...91

Bibliografía....93

Sobre El Autor...p93

La Colección:
Etrellas Deportivas Dominicanas...p94

Exaltados al Salon de la Fama del Béisbol...p95

Dedicatoria

*A todos los niños que sueñan con un futuro
en el Béisbol de Grandes Ligas*

deportivas dominicanas

Gracias por leer el primer volumen de la colección "Estrellas Deportivas Dominicanas", y por su interés en "Vladimir Guerrero".

Por favor, léalo, compártalo y coleciónelo.

Estas son historias dominicanas, escritas por un dominicano conocedor de la realidad socio-económica de su país.

Hasta el momento, tres dominicanos ganaron 4 medallas de oro en las olimpiadas. Félix Sánchez ganó la primera medalla de oro para la República Dominicana en Carrera de Obstáculos, en los Juegos Olímpicos de Atenas en el 2004. En los juegos de Pekín, 2008, el boxeador Félix Díaz ganó la segunda medalla de oro.

En los Juegos Olímpicos de Londres, 2012, Félix Sánchez ganó su segunda medalla de oro, la tercera del país. Y Marileidy Paulino, Paris, 2024, ganó la cuarta medalla de oro, es la primera dominicana en ganar una medalla olímpica de oro.

La selección nacional dominicana de voleibol femenino ha brillado en todo el mundo, le llamamos las Reinas del Caribe.

También temenos cinco compatriotas en el Salón de la Fama del Béisbol, donde son seleccionados por votación; Juan Marichal (1983, con el 83% de los votos) Pedro Martínez (2015 con el 76% de los votos) Vladimir Guerrero (2018 con el 93% de los votos) David Ortiz (2022, con 77% de los votos) y Adrian Beltré (2024 con 97% de los votos)

La colección inicia con Vladimir, quien fue exaltado al Salón de la Fama en el 2018.

Cada volumen de esta colección contará la vida de los atletas como historia central, con historias paralelas que ayudan a entender el contexto en el que se desarrollaron. Mientras lees la historia de estas estrellas deportivas, aprenderás otros datos históricos relevantes de sus vidas y el mundo en el que crecieron. La idea es promover las vidas de dominicanos como estos, quienes combinaron talento, concentración, foco, disciplina, consistencia, persistencia e insistencia hasta alcanzar sus objetivos. Y sobresalieron entre los más destacados de atletas en su deporte.

La fórmula de ellos puede aplicarse a cualquier actividad humana, para alcanzar tus objetivos, y alcanzar tus metas, con éxitos por encima del promedio. Esperamos que las nuevas generaciones de dominicanos, en el país y el extranjero, tengan referentes positivos, ejemplos a seguir.

Cuando otros compatriotas vean sus grandes éxitos, entenderán que ellos también tienen muchas posibilidades de alcanzar grandes triunfos.

Dominicanos y béisbol

Aunque Estados Unidos es la nación que más peloteros produce, si se compara la cantidad de peloteros con relación a la población, la República Dominicana lo supera.

Con poco más de 12 millones de habitants, en la isla y el extranjero, la República Dominicana tiene unos 120 jugadores, son el 10 por ciento de los 1,200 jugadores de las Grandes Ligas, unos 10 jugadores por millón de habitantes. Estados Unidos tiene 330 millones de habitantes y unos 1,000 jugadores en las Mayores, unos tres jugadores por cada millón.

Varios jugadores dominicanos han ganado múltiples distinciones en el Béisbol de Grandes Ligas. Con el alto número de jugadores en las Mayores, y su buen desempeño, debemos esperar que otros lleguen al Salón de la Fama en los años venideros.

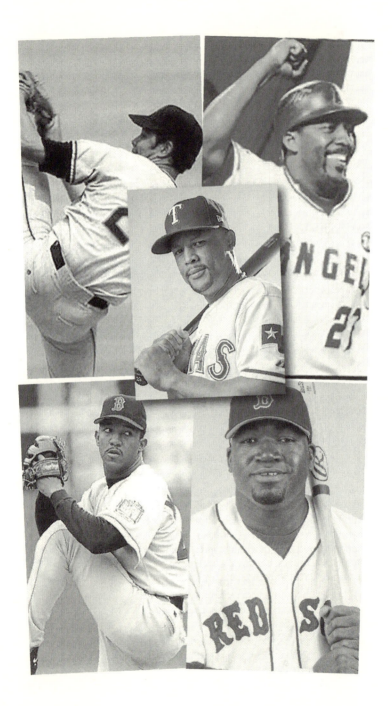

J. C. Malone

Más de 20 jugadores de Quisqueya han ganado el premio Guante de Oro. El primero fue César Cedeño, en 1972. Cedeño lo ganó durante cinco años consecutivos (1972, 1973, 1974, 1975 y 1976). Cedeño y Cesarín Gerónimo ganaron Guante de Oro en 1974, uno en la Liga Nacional, el otro en la Americana.

Otros que ganaron la distinción son:
Tony Peña
Tony -Cabeza- Fernández
Raúl Mondesí
Neifi Pérez
Alex Rodríguez
Luis Castillo
Albert Pujols
Adrián Beltré
Plácido Polanco
Carlos Peña
Robinson Canó
Erick Aybar
Carlos Gómez
Manny Machado
Juan Lagares.

Vladimir Guerrerro

Entre1966 y el 2020, nueve dominicanos ganaron el campeonato de bateo:

1966 Mateo Alou .342
1970 Rico Carty .366
1991 Julio Franco .341
1996 Alex Rodriguez .358
2002 Manny Ramirez .349
2003 Albert Pujols .359
2009 Hanley Ramirez.342
2011 Jose Reyes .337
2020 Juan Soto .351

Al menos cinco jugadores fueron campeones del "Derby de Jonrones" del Juego de Estrellas:

Sammy Sosa (2000)
Miguel Tejada (2004)
Vladimir Guerrero (2007)
David Ortiz (2010)
Robinson Canó (2011).

Media docena de jugadores dominicanos conquistaron el MVP (Jugador Más Valioso) algunos lo lograron varias veces:

George Bell (1987)
Sammy Sosa (1998)

Miguel Tejada (2002)

Alex Rodríguez (2003, 2005 y 2007);

Vladimir Guerrero (2004)

Albert Pujols (2005, 2008 y 2009).

Entre los lanzadores, tres han ganado el premio Cy Young, el máximo honor para ellos.

Pedro Martínez (1997, 1999 y 2000),

Bartolo Colón (2005)

Sandy Alcántara (2022)

Al menos siete jugadores dominicanos han conquistado el premio al Novato del Año:

Alfredo Griffin (1979)

Raúl Mondesí (1994)

Rafael Furcal (2000)

Albert Pujols (2001)

Angel Berroa (2003)

Hanley Ramírez (2006)

Neftalí Féliz (2010)

Hasta ahora, dos dominicanos han ganado el título de Manager del Año, en ambas ligas.

Vladimir Guerrerro

American League Manager of the Year.

1994, Felipe Rojas Alou, Montreal Expos, con un record de ganados-perdido de 74-40

National League Manager of the Year.

2003, Tony Peña, Kansas City con 83-79 ganados-perdidos.

En el futuro inmediato, habrá varios candidatos dominicanos al Salón de la Fama, entre ellos se destaca Albert Pujols.

Ilustración: Milito Peralta

El Ángel de
Don Gregorio

Los Angelinos enfrentaban a Tampa Bay. El partido estaba empatado a siete carreras en la séptima entrada, una guerra sicológica estalló entre el lanzador y Vladimir Guerrero.

El derecho de Tampa Bay, Russ Springer, evitaba el centro del plato, con el conteo en de 3-1. Vladimir oraba, como siempre, pidiendo el peor lanzamiento posible. Estaba decidido a escribir otra página gloriosa en la historia del béisbol de Grandes Ligas; Springer intentaba escapar de su destino ineludible.

Visiblemente calmado, Vladimir esperaba la respuesta a sus oraciones.

El quinto lanzamiento vino alto y afuera, entonces Vladimir, "el mejor bateador de bolas malas", le hizo contacto. La bola se elevó por el jardín derecho, chocó con un poste que señala la zona de hit. Desapareció en la profunda y oscura noche de Los Ángeles, para reaparecer en la historia del béisbol de Grandes Ligas.

Vladimir trotó alrededor de las bases.

Sus compañeros de equipo se alinearon para felicitarlo, mientras la noche se llenaba de algarabía, música y fuegos artificiales.

Aquel lunes 10 de agosto de 2009, Vladimir entró al exclusivo club de cinco jugadores que han conectado 400 cuadrangulares manteniendo un promedio de bateo de .320. Está junto a Babe Ruth, Stan Musial, Ted Williams, Lou Gehrig y Jimmie Foxx.

En el mismo partido, bateó dos cuadrangulares esa noche.

Agosto fue un verdadero mes encantado para él.

El 26 de agosto, 16 días después del cuadrangular 400, llegó a 1,000 hits bateando contra el lanzador Edwin Jackson, de los Tigres de Detroit. Al final de su agosto **fantabuloso**, Vladimir sumó las credenciales necesarias para tener los más altos honores en el béisbol. En el 2004, fue el Jugador

Más Valioso (MVP), pues acumuló nueve bates de plata, por liderar la liga en el promedio de bateo al completar la temporada regular. Y ganó el clásico de cuadrangulares del Juego de Estrellas, entre otros honores.

El miércoles 24 de enero del 2018, anunciaron el ingreso de Vladimir al Salón de la Fama, electo con un 93% de los votos, (392 de 422).

Admitieron a Vladimir como inmortal del béisbol en Canadá y en salón el de la fama de su equipo, los Angelinos de Los Ángeles, antes de ser exaltado al Salón de la Fama de Cooperstown, NY.

Terminó su carrera manteniendo un promedio de bateo de .318 con 449 cuadrangulares, 1,496 impulsadas y 2,590 hits.

El 10 de agosto de de 1973, el día que conectó su cuadrangulaar 400, se cumplió el 36 aniversario de una importante marca dominicana en las Grandes Ligas. Ese día, por vez primera, los hermanos Felipe, Mateo y Jesús Rojas Alou jugaron en el mismo partido con equipos diferentes. Felipe y Mateo jugaron para los Yankees y Jesús con Oakland.

El 26 de agosto, cuando Vladimir llegó a los

1,000 hits, ingresó a un club muy exclusivo. Se puso al nivel de Frank Robinson, Dave Winfield y Fred McGriff. Las hazañas de Vladimir con el bate fueron memorables.

Su trayectoria de vida, desde Don Gregorio, un campo de Baní, en la República Domnicana, hasta el Salón de la Fama, es una historia humana profundamente conmovedora.

¿Cómo lo hizo?

La otra parte de la entrada de Vladimir al Salón de la Fama, el lado invisible, es el colapso de todos los pronósticos de "expertos".

"Yo era terrible", reconoce al hablar acerca de su adolescencia temprana. Por nada o por motivos insignificantes se peleaba con cualquiera.

"Ése nunca dará para nada", comentaban los mayores.

"Pero gracias a Dios, cambié", dice.

Cuando llegó a las menores, algunos entrenadores no le veían posibilidades de llegar a las Mayores.

"Es muy desesperado", decían algunos, "le tira

a cualquier cosa, no sabe esperar un buen lanzamiento", comentaban otros. Y parecían tener razón, pero él les demostró que estaban equivocados.

La exaltación formal de Vladimir, lo establece como un gran pelotero. Su historia personal, sin embargo, lo presenta como el campeón indiscutible de la carrera de obstáculos que ha sido su vida.

Con humildad y pocas palabras, él transforma dificultades en oportunidades y convierte sus peores experiencias en fuentes de enseñanzas de vida, ese es el secreto de su éxito.

Es el "mejor bateador de malos lanzamientos" porque, desde que nació, no ha hecho otra cosa que "batear" todos los malos lanzamientos que la vida le hizo.

Con Vladimir, el bate dominicano, entrenado en las calles jugando "vitilla", (bateando las tapas de botellones de agua) y jugando "plaquita", alcanzó el más alto galardón. Su estilo de bateo abrirá una nueva tendencia en el béisbol donde ya no habrá bolas "malas ni buenas", porque sacaba los mejores batazos de los peores lanzamientos.

Al sembrar su impronta en el béisbol, Vladimir le abre las puertas a cientos de sus compatriotas en las menores. La mayoría aprendió a batear con "vitilla", que desarrollan varias curvas en un solo lanzamiento. Eso los hizo estupendos bateadores.

El béisbol cambió la vida de cientos de dominicanos, pero, justo ahora, ellos están cambiando el béisbol.

El deporte nació entre blancos pobres, los afroamericanos estaban excluidos, tenían su propia liga. En 1948, los Brooklyn Dodgers contrataron a Jackie Robinson, el primer negro en un juego hasta entonces de blancos, añadiendo diversidad al béisbol.

Luego llegaron los latinos. Entre ellos, los que más se han destacado son los dominicanos.

¿Cómo llegó el béisbol al país, y cómo los dominicanos se convirtieron en una potencia del deporte?

¡Dinero y política!

Una sucesión de acontecimientos políticos y económicos ocurridos en Cuba, determinaron que hoy República Dominicana sea una potencia en el béisbol.

El primer evento ocurrió en el siglo XIX, específicamente entre 1868 y 1878, se le llamó la "Guerra de los 10 años", una lucha por la independencia de Cuba. Muchos refugiados cubanos inundaron el país, incluyendo gente adinerada. Ellos instalaron los primeros ingenios azucareros en el país; el béisbol y la industrialización de la producción de azúcar llegaron de Cuba a la República Domnicanma.

Ése fue un evento político con manifestaciones económicas. Aunque se dice que el béisbol llegó con marineros mercantes, nadie disputa que los refugiados cubanos fueron quienes organizaron el juego y lo practicaban en las plantaciones cañeras.

El segundo evento importante para explicar el béisbol dominicano empezó temprano en el Siglo XX. En 1915, Estados Unidos invadieron Haití, y al año siguiente, ocuparon la isla completa. En política internacional, quien comparte la geografía también comparte el mismo destino.

La ocupación duró ocho años y durante ese

tiempo, el ejército de ocupación pasó mucho tiempo jugando béisbol con el pueblo ocupado.

Día tras día, en Santo Domingo, la capital, ocupantes y ocupados pasaron largas horas jugando béisbol.

La práctica del béisbol fue uno de los mejores legados de la ocupación estadounidense. Las tropas tomaron control de vastas extensiones de terreno y los inversionistas que le siguieron avanzaron la industria azucarera. Las tropas de ocupación se retiraron en 1924; y seis años después, en 1930, tomó el poder el brigadier Rafael Leónidas Trujillo. Entrenado por las tropas estadounidenses, Trujillo inició una sangrienta dictadura que duró más de 30 años.

Trujillo amaba el béisbol

Su administración promovió el deporte y la fundación de los equipos del béisbol profesional, construyó tres estadios emblemáticos en el país, el Tetelo Vargas, en San Pedro de Macorís; Quisqueya, en Santo Domingo; y Cibao, en Santiago. Hasta hoy, en esos estadios hay juegos todos los años. Nuestro primer jugador en las Grandes Ligas fue Osvaldo Virgil, quien jugó con los Gigantes de Nueva York en 1956, durante la dictadura de Trujillo.

En 1958, mientras una inmensa bola de demolición destruía el Ebbets Fields, hogar de los Dodgers de Brooklyn, Felipe Rojas Alou, nuestro segundo jugador en las Mayores, debutó con los Gigantes de San Francisco. Los Dodgers de Brooklyn se convirtieron en los Dodgers de Los Ángeles y, 64 años después, Rojas Alou se retiró como uno de los mejores mánagers del béisbol.

En 1959, un lanzador amateur mediocre, sin talento ni futuro en el béisbol, hizo algo que tomó al mundo por sorpresa, y cambió desde entonces el continente americano. Fidel Castro lideró a sus camaradas al triunfo de una revolución socialista en Cuba.

La revolución abolió la propiedad privada, y se apropió de millones de dólares en inversiones estadounidenses en la isla.

Los Estados Unidos respondieron imponiendo y promoviendo un embargo económico contra

Cuba, suspendiendo todo comercio y llamando a otros países a que hicieran lo mismo, aislando el gobierno revolucionario.

Huyendo de la inestabilidad política en su país, refugiados cubanos llegaron a la República Dominicana; ellos llevaron el béisbol en el siglo XIX. Los cambios políticos en Cuba, a mediados del siglo XX, cerraron las puertas del Béisbol de Grandes Ligas para los jugadores cubanos, abriéndolas de par en par para nuestros jugadores.

Se derrumbó la dictadura

La década del sesenta estuvo marcada por violencia, tumultos y asesinatos politicos, pero fue muy buena para los peloteros dominicanos en las Grandes Ligas.

En 1960, cinco quisqueyanos debutaron en las Mayores. Julián Javier, como segunda base con los Piratas de Pittsburg y Rudy Hernández, nuestro primer lanzador en las mayores, debutó con los Gigantes de San Francisco.

Juan Marichal, un lanzador, el primer quisqueyano en el Salón de la Fama, y Mateo Rojas Alou, jardinero central debutaron con los Gigantes de San Francisco y Diómedes (Guayubín) Olivo como lanzador con los Rojos de Cincinnati.

El dictador Trujillo fue asesinado el 30 de mayo del 1961, y el 5 de junio siguiente, Federico (Chichí) Olivo debutó con los Bravos de Milwaukee.

El 1962 fue un año particularmente especial, en la isla y en las Mayores.

En la primavera de 1962, Manuel (Manny) Mota, debutó con los Gigantes de San Francisco como jardinero derecho, y acudió a un evento muy importante para la historia dominicana en las Mayores.

En la temporada de 1962, por primera vez en la historia, cuatro de los nueve jugadores de un equipo eran dominicanos.

Los Gigantes de San Francisco tenían a Juan Marichal, Felipe Rojas Alou, Mateo Rojas Alou y Manny Mota en su róster.

En 1962, Marichal y Felipe Rojas Alou se convirtieron en los dos primeros criollos en participar en el Juego de Estrellas.

En 1966, Mateo Rojas Alou ganó el campeonato de bateo en la Liga Nacional.

Antes del inicio

En 1974, cuando María Altagracia Alvino concibió a Vladimir, el país estaba bien ocupado con muchos eventos políticos, deportivos, y artísticos de importancia.

El año arrancó con espíritu deportivo.

Santo Domingo fue sede de los XII Juegos Centroamericanos y del Caribe, entre el 27 de febrero y el 13 de marzo. Las competencias, un "compromiso de todos", acapararon la atención nacional.

Fue un plan casi perfecto.

La mejor distracción política es el deporte, y nada unifica más a las naciones que las competencias internacionales.

La idea era que el pueblo se uniera como una sola persona, apoyando la selección nacional en las competencias deportivas. Esa estrategia funcionó perfectamente. Entonces, si el país ganaba muchas medallas de oro, en medio de esa efervescencia, se anunciaría la segunda reelección de Joaquín Balaguer, escogido en el 66 y reelecto en el 70. Aspiraba a ser presidente por tercera vez consecutiva.

Nuestra participación en los XII Juegos Centroamericanos y del Caribe fue penosa.

Amaury Cordero, levantador de pesas, ganó nuestra única Medalla de Oro. La selección nacional de béisbol ganó Medalla de Plata.

En la primavera de 1974, Miguel Diloné, Ramón (Pintacora) de los Santos y otros de sus compatriotas llegaron a las Grandes Ligas,

El 8 de abril de 1974, ante 53,775 fanáticos en Turner Fields, el estadio de los Bravos de Atlanta, se hizo historia. En la cuarta entrada, Hank Aaron, negro americano, bateó su cuadrangular 715, sobrepasando la marca de 714 dejada por Babe Ruth, un hombre blanco, en 1935.

Mientras, la inestabilidad politica amenazaba al país. Porque en mayo Balaguer "ganó" la reelección, en medio de múltiples denuncias de fraudes.

El ascenso de Fidel Castro al poder cerró las puertas de las Grandes Ligas para los cubanos y las abrió para los dominicanos.

Tras el asesinato de Trujillo, Juan Bosch ganó las primeras elecciones libres del país, pero fue depuesto por un incruento Golpe de Estado siete meses después de tomar el poder.

Joaquín Balaguer gobernó 12 años consecutivos, desde 1966 hasta 1978.

Juan Bosch

Ahí Viene Vladimir

Don Gregorio es un pequeño poblado agrícola colgado de la costa sur, de la República Dominicana, a unos 40 kilómetros (unas 25 millas) al oeste de la capital, Santo Domingo. Ahí, pocos días después de las elecciones, María Altagracia Alvino y Damián Guerrero, una joven pareja, decidió echar el mundo al olvido; buscaron y encontraron refugio el uno en el otro.

Era mayo de 1974.

Ese año, la temporada de Grandes Ligas la controlaron los "Césares Dominicanos". César Cedeño y Cesarín Gerónimo, ganaron el título Guante de Oro en las dos ligas, Nacional y Americana.

Con dos dominicanos como mejores jugadores defensivos, en ambas ligas, y Aaron, como nuevo rey del jonrón, otra transformación profunda en la sociedad estadounidense, empezaba en el béisbol.

Esos jugadores fueron parte integral del proceso iniciado con Jackie Robinson. Fue en 1948 cuando el béisbol inició la integración racial de la sociedad estadounidense, unos 16 años antes de la promulgación de la Ley de los Derechos Civiles, en 1964. Los peloteros quisqueyanos afianzaban su reputación.

En el segundo mes del 1975, María Altagracia Alvino estuvo de parto. En Don Gregorio, Nizao, provincia Peravia, nació Vladimir Guerrero, el 9 de febrero de 1975. Él no fue la única super Estrella dominicana que nació en esos dias.

En 1975, el 27 de julio, nació Alex Rodríguez en Washington Heights, Nueva York, y el 18 de noviembre nació David (Big Papi) Ortiz en Haina, cerca de Don Gregorio, en la República Dominicana. Nuevas promesas del béisbol llegaban al mundo sin que nadie lo supiera.

Entre 1975 y 1978, unos 23 criollos escalaron a las Grandes Ligas. Entre los que se destacaron en 1976, estaban Santos Alcalá, Joaquín Andújar y Alfredo Griffin. En 1978, subieron a las mayores a Pedro Guerrero y Arturo DeFreites, entre otros.

En mayo, una coalición opositora encabezada por el Partido Revolucionario Dominicano (PRD) ganó las elecciones por un margen abrumador. Antonio Guzmán Fernández fue electo presidente. Abrió canales de libertades públicas, como l ibertad de expression y libertad de prensa; también el respeto a los derechos humanos que el país reclamaba, pero que le fueron negados, durante los 12 años de gobierno de Balaguer.

El gobierno de Guzmán fue un período de paz política, respeto a los Derechos Humanos y las Libertades Públicas, pero surgieron acusaciones de corrupción dentro de la administración.

Aquí viene la desgracia

Don Gregorio está a unos 15 minutos al norte de la costa del mar Caribe. El puñado de casas que forman el poblado está rodeado de hortalizas, plantaciones de ajíes, tomates, cebollas, otros vegetales y verduras.

Casi todas las familias tienen su pequeño conuco para plantar plátanos, yuca y otros víveres, otras se dedican a la ganadería.

En tiempos de cosecha, el pueblo se llena de dinero que en su mayoría se gasta ahí mismo.

Muchas personas, deliberadamente, se "beben" todo el dinero de sus cosechas en los bares de la comunidad. El índice de alcoholismo en Don Gregorio es bien alto.

Hay una cuantiosa producción agrícola, pero como muchos productores son malos administradores, los niveles de pobreza resultan alarmantes en Don Gregorio.

Antes de Vladimir cumplir los cinco años, la desgracia visitó Don Gregorio.

El viento rugía como un mitológico gigante enfurecido. Pocas personas circulaban en las calles, por donde volaban todo tipo de escombros y de objetos arrastrados por el potente ventarrón.

Además del viento, sólo se escuchaban los anuncios del Servicio Nacional de Meteorología.

"Los residentes en el litoral sur del país (ahí está Don Gregorio) deben permanecer en sitios seguros o en los refugios", decía el informe del tiempo.

J. C. Malone

Y explicaba:

"El intenso y peligroso huracán David continúa desplazándose hacia el oeste y noroeste y se espera que penetre en tierra dominicana sobre la península de Barahona, cerca del poblado de Enriquillo, a unos 60-70 kilómetros (37-43 millas) al sur de la ciudad de Barahona a eso de las 7:00 de esta noche. Sus vientos se mantienen a 240 kilómetros por hora" (150 millas), decía el boletín de Meteorología.

El Huracán David cambió de ruta, nunca llegó a Barahona.

Alrededor de la 1:00 de la tarde del viernes 31 de agosto de 1979, el ojo (centro) de David, penetró territorio nacional, por Haina, donde nació Big Papi, en la provincia San Cristóbal, a unos 36 Km de Don Gregorio.

El viento soplaba con fuerza contra la casucha destartalada que habitaban María Altagracia, Damián y sus cinco hijos, entre ellos Wilton y Vladimir Guerrero.

Las ráfagas de viento fueron desmantelando la casucha poco a poco; se llevaron la cocina, ellos huyeron a la sala. El ventarrón arrasó con la sala y una habitación, entonces, los siete se refugiaron en la única habitación que resistió el ventarrón.

David azotó el viernes 31 de agosto y el sábado primero de septiembre, los Guerrero salieron a merodear entre los escombros.

Encontraron vecinos muertos; supieron de otros que habían fallecido; rescataron heridos atrapados entre escombros; había cadáveres de animales desparramados por todos lados.

Era una escena de desolación total.

El domingo y el lunes hicieron lo que pudieron, que no fue mucho.

El huracán David destruyó Don Gregorio, diseminó escombros, devastó cultivos y hasta desenterró los bulbos de cebollas. El vergel que horas antes había sido Don Gregorio quedó reducido a tierra arrasada.

Lo poco que David no destruyó, duró sólo tres días, hasta el 4 de septiembre. Los días y las noches seguían calurosos porque de la desgracia sólo había pasado la primera parte, faltaba lo peor.

La tormenta tropical Federico trajo seis días de aguaceros torrenciales, intensos y continuos, que desbordaron los ríos Nizao, Yubazo y todos sus afluentes, represas, lagunas y arroyos del área.

Hasta las corrientes subterráneas se desbordaron, mientras, a lo lejos, la gente escuchaba el golpeteo de las olas contra las costas, cual si fuera una amenaza de que el mar también se desbordaría, arrastrándolo todo.

Cuando la desgracia golpeó a Don Gregorio, aquel fatídico viernes 31 de agosto de 1979, la comunidad perdió muchas vidas y todo, absolutamente todo lo que tenía.

No eran sólo ellos. Más de 600,000 personas quedaron sin hogar en todo el litoral sur, entre Haina y Baní, ciudad cabecera de la provincia Peravia, las comunidades de la costa sur fueron las más afectadas.

El gobierno estimó que más de 4,000 personas murieron por los efectos del huracán David y la tormenta tropical Federico.

Aquello fue, ciertamente, un solo aguacero de seis días y seis noches. La gente se quedó sin energía eléctrica, agua potable, alimentos y servicios sanitarios, pero aún faltaba más.

Los días difíciles

De día resplandecía un sol abrasador; el aire se sentía inmóvil, lleno de moscas, y los caminos hedían a animales podridos. De noche seguía el calor; desaparecían las moscas, pero los mosquitos emboscaban a la población.

La gente deambulaba por el poblado y sus caminos buscando algo de comer. Los más dichosos encontraban plátanos u otros víveres bajo los escombros. Muchas familias se juntaban para cocinar lo que pudieran conseguir y compartir los alimentos.

Helicópteros lanzaron raciones alimenticias sobre los poblados que se mantuvieron incomunicados durante varios días.

Avionetas de la secretaría de Agricultura regaron semillas de auyamas y otros cultivos de ciclos cortos en la zona.

En pocas semanas aparecían inmensas auyamas y otros comestibles por todas partes para alimentar a la población, mientras rescataban y reorganizaban su comunidad.

Organizaron grupos de trabajo que se repartieron las tareas; todos participaron, hombres, mujeres, jóvenes, ancianos, y niños.

Tenían que restablecer los servicios de agua, electricidad, y reiniciarlo todo, absolutamente todo. Ante aquel desastre colectivo, la solución ameritaba la participación de la comunidad en pleno.

La recuperación fue lenta, y María Altagracia tomó una decisión desesperada, heroica, como hicieron millones de personas antes y después de ella, dejó a sus hijos atrás, emigró en 1980.

¡María se fue!

En los años 70 aumentaron los precios del petróleo. Venezuela, el principal productor de petróleo de América y poseedor de una de las principales reservas mundiales, registró un extraordinario aumento en sus niveles de vida.

Los venezolanos tenían tanto dinero que salieron a estudiar al extranjero, buscando las mejores universidades del mundo. Al mismo tiempo, su país se convirtió en el principal destino migratorio de Latinoamérica.

Gente de toda la región emigraba a Caracas a

hacer todo tipo de trabajos que los venezolanos desechaban, debido a su nivel de vida y bonanza económica.

Decenas de miles de dominicanos viajaron a Venezuela buscando mejores oportunidades económicas. María Altagracia Alvino, madre de Wilton y Vladimir Guerrero, estuvo entre esos migrantes.

Wilton, Vladimir y el resto de los hijos de María Altagracia se quedaron con su padre, tías y abuelas.

Vladimir estuvo 10 años sin su madre, desde los cinco hasta los 15 años, una etapa muy dura en su desarrollo humano.

Llenó el vacío de su ausencia con la escuela y el trabajo del campo. Además, cada vez que podía, se entregaba a la pasión de su vida infantil, jugar "vitilla".

En el país venden agua en botellones con una tapa plástica que los niños usan como una pelota. Juegan un béisbol callejero, usando palos de escobas como bates y "vitilla" como bolas.

Con un palo de escoba bien delgado como "bate", tienen que darle a esa tapa, llamada "vitilla", que hace varias curvas antes de llegar al bateador.

Eso lo convirtió en un gran bateador.

"Claro, yo jugué mucha 'vitilla' y sobre todo a la plaquita. Batear una 'vitilla' con un palo de escobas es bien difícil", dijo Vladimir en una entrevista.

Su madre retornaba cada 11 meses de Caracas, generalmente en diciembre y pasaba la Navidad con sus hijos, después retornaba a Venezuela.

¡Muy Duro!

La ausencia de una madre se manifiesta de múltiples maneras en la vida de los niños. En Vladimir, se reveló de varias formas, incluida la violencia.

El niño peleaba con frecuencia, por cualquiera o ninguna razón.

En la escuela, peleaba varias veces en un mismo día. Entre pleitos, discurría su vida hasta que un día, antes de pasar al sexto grado, salió de clases y jamás volvió.

Tenía unos ocho años cuando se levantaba antes del alba para irse con su abuelo a ordeñar vacas.

"Ahí empecé a tener un brazo fuerte y un buen agarre en las manos, halaba becerros más grandes que yo para evitar que se bebieran la leche", relató la estrella del béisbol.

Estaba encargado de transportar la comida de la familia.

Cuando terminaba de ordeñar las vacas, retornaba a la casa con la leche de la familia y desayunaba. Les llevaba el desayuno a sus hermanos mayores, que trabajaban la tierra, y retornaba a traerles el almuerzo.

Un día, se desacató, sufrió experiencias traumáticas y aprendió algunas lecciones que lo guiaron por el resto de su vida.

Ese día, Vladimir decidió que no iba a cumplir con esas responsabilidades; sólo quería ser un niño. Se buscó un tremendo problema y aprendió una de las lecciones más importantes de su vida.

Decidió no llevar la comida de sus hermanos que trabajaban la tierra y se puso a merodear por todo el poblado, hasta que llegó a la cancha de baloncesto. Ahí subió a uno de los postes del alumbrado y se desprendió desde lo alto.

Al caer, sufrió una tremenda herida en el muslo derecho. Sangró durante varios días y lo llevaron al hospital traumatológico doctor Darío Contreras, de la capital, Santo Domingo, donde le limpiaron la herida y le cosieron varios puntos.

"Así fue cómo aprendí que cuando no cumples con tus responsabilidades terminas metiéndote en serios problemas", me dijo Vladimir en una entrevista.

Otro día fue a buscar un burro para cargar unas provisiones, cuando intentó amarrarlo, el animal lo mordió en la pierna izquierda. Sus hermanos y su primo apedrearon al asno, hasta que finalmente lo soltó. Como no iba a la escuela, entonces empezó a pasar más tiempo trabajando la tierra con sus hermanos y jugando "vitilla" en las calles y caminos de Don Gregorio.

Y poco a poco algo se le hizo claro.

Su hermano mayor, Eliezer Guerrero, era un extraordinario jugador de béisbol, buen bateador, estupendo outfielder con un brazo privilegiado.

Los Dodgers de Los Ángeles lo firmaron.

Quedó convencido: el béisbol sería su camino, porque su otro hermano mayor, Wilton Guerrero, era un estupendo pelotero. Y lo firmaron también.

Vladimir hizo consciencia de que debía practicar más béisbol y prepararse para cuando llegara la esperada oportunidad.

Retornó a sus responsabilidades familiares transportando comida. Viajaba desde Don Gregorio, en Baní, hasta Guerra, a la academia Campo Las Palmas de los Dodgers de Los Ángeles, a llevarle comida a su hermano Wilton.

Los 30 equipos de las Grandes Ligas tienen campos de entrenamiento en la República Dominicana.

En esas visitas conoció gente e hizo contactos que luego le servirían de mucho, como es el caso del lanzador Pedro Martínez.

¡Arriba, abajo, y arriba otra vez!

Llegó la oportunidad esperada.

Los Dodgers de Los Angeles lo contrataron, pero al golpe de buena suerte le siguió un envés.

Un día, después de batear un doble estaba corriendo y se lastimó el tendón de la corva, en la parte posterior del muslo izquierdo.

Con su estilo de bateo, a simple vista desesperado, porque no esperaba "buenos lanzamientos", y la lesión, los Dodgers sólo mantuvieron su contrato por 30 días.

Vladimir se sintió derrotado, quizá el béisbol no era su camino, pero si ese no era, ¿cuál, entonces? Sus hermanos Eliezer y Wilton jugaban en las menores para los Dodgers, lo suyo debía estar en algún lado.

Sólo debía encontrarlo.

Cuando se le pasó la depresión del breve contrato, Vladimir no renunció a sus sueños, y retornó a las prácticas de béisbol, confiando en el futuro.

Pocas personas alcanzan el éxito en el primer intento, casi siempre hay caídas en el camino al estrellato.

Estaba seguro de que con práctica, disciplina y paciencia, alcanzaría su meta. Cada día practicaba de manera religiosa, como quien ora, sin saber si sus oraciones son escuchadas, sin perder la fe, esperaba paciente.

La Segunda Oportunidad

El teléfono timbró varias veces antes de que contestaran.

–Taxi Higuamo, para servirle.

–Buenas tardes, habla Macho, por favor envíame una unidad confortable y en buenas condiciones, voy a un viaje largo.

–En cinco minutos llegará la Unidad # 4.

–Gracias.

Arturo DeFreites (Macho, para sus compueblanos), recogió las cosas que llevaría y salió a la galería a esperar el taxi.

Macho, una exestrella de las Grandes Ligas, entonces era director de reclutamiento de los Expos de Montreal en la República Dominicana, donde trabajaba con el equipo local, los Leones del Escogido.

–¡Oh, Badú, eres tú! –exclamó Macho, sorprendido, al ver al conductor, Badú Andújar, su amigo, uno de tantos fanáticos del béisbol que abundan en San Pedro de Macorís, conocedor de las historias y los números de todos los jugadores.

–Hagamos algo Badú –sugirió Macho.

–Sería mejor que estaciones tu carro ahí, y nos vamos en mi jeepeta, que es mucho más cómoda.

Así lo hicieron.

Badú estacionó y cerró su auto y se sentó tras el volante del vehículo de Macho, que ya estaba en el asiento contiguo. –¿A dónde vamos?

–A Don Gregorio, un poblado poco antes de llegar a Baní, quiero ver a un prospecto del que unos dicen es muy bueno, aunque otros aseguran que es bueno para nada, veamos –respondió Macho.

Estos dos hombres, que comparten un amor obsesivo por el béisbol, recorrieron 135 kilómetros (84 millas) "hablando de pelota".

Se contaron anécdotas, intercambiaron opiniones, discutieron y, durante dos horas, los dos hombres pasaron de una historia a otra, mientras la jeepeta avanzaba de un kilómetro al otro.

Antes de terminar una historia iniciaban la próxima, parecía como si compitieran con Sherezade, el personaje principal de las "Mil y una noches". Cuando llegaron a Don Gregorio, preguntaron dónde vivían los hermanos Wilton y Eliezer Guerrero, era fácil encontrar el lugar, pero Vladimir no estaba.

Mandaron a buscarlo, llegó cubierto de cemento y arena, solidificados sobre el pantalón y la camiseta, como si trabajara en construcción o en una fábrica de bloques de cemento.

Se bañó, en la ducha pensó para sus adentros "ésta es mi segunda oportunidad, no puedo fallar en esta". Se puso el uniforme, se calzó y fueron al campo de béisbol para la prueba.

Macho observó que el prospecto contaba con las cinco herramientas fundamentales de los buenos peloteros, las "cinco puntas" que forman una estrella. Tenía fuerza, le pegaba a la bola, buena velocidad, estupendo defensivo y un brazo privilegiado. El poder con el bate y el brazo eran sus condiciones más excepcionales, y Macho decidió ofrecerle un contrato.

Vladimir Guerrero firmó ese día con los Expos

de Montreal por la irrisoria suma de $2,000. Una vez firmado el contrato, Macho le regaló $100 a título personal.

En abril, al inicio de la primavera de 1993, las constantes prácticas y entrenamientos de Vladimir le dieron los resultados esperados. Firmó su segundo contrato sin discutir por más dinero, aceptó la oferta con humildad y gratitud.

"Scouting Report"

Poco después, Vladimir y otros de 17 buenos jugadores firmados por los Expos en el país, participaron en un juego de exhibición para los ejecutivos del equipo.

Ese día, en abril de 1993, Fred Ferreira, entonces vicepresidente nacional de Operaciones de los Expos de Montreal, evaluó al recién firmado, Vladimir. Esa evaluación se conoce en el béisbol como el "Scouting Report", que podría recibir una traducción libre como "Reporte de la Exploración", o el Reporte del "Escucha", o "Reporte de Reclutamiento".

Ferreira dijo que guarda fresca en su memoria la primera vez que vio a Vladimir y la impresión que le causó. También recuerda por qué lo evaluó de una forma tan positiva, aunque lo firmaron por tan poca plata. En una entrevista con Craig Muder, jefe de Comunicaciones del Museo Nacional y Salón de la Fama del Béisbol, Ferreira recordó esas escenas con mucha claridad y habló de su vision sobre el futuro de Vladimir.

Ferreira actuó, de acuerdo con Muder, en un trabajo publicado en el sitio web del Salón de la Fama, como si hubiese tenido una visión clara del futuro de la joven estrella.

Recordó que Vladimir llegó en la "cola" de una motocicleta casi al final del campamento y se dijo: "Claro, vamos a ver qué puede hacer".

Después de firmar a más de 60 jugadores que llegaron a las Mayores, Ferreira tiene un ojo clínico para el negocio y compartió sus observaciones sobre Vladimir.

Es mejor leer la evaluación de Ferreira a Vladimir, del final al inicio. En la última casilla el formulario pide señalamientos sobre las debilidades de prospecto, Ferreira escribió:

"No se encontraron debilidades–inusual".

Vladimir Guerrerro

En la casilla sobre las habilidades, Ferreira escribió: "Bateará, tiene poder, promedio, su brazo: súper súper. Velocidad: Corre por encima del promedio".

Sobre sus condiciones físicas aseguró que "aumentaría su volumen corporal (will fill out), tiene manos grandes y es un jugador bien agresivo".

En la entrevista con Muder, Ferreira comentó: "Este chico tiraba la bola y la bola adquiría vida. Quiero decir llegó (la bola) del outfield (Jardín Derecho) a la tercera base en una línea recta", asegura.

Después agregó que Vladimir "corrió un 6.6 (segundos) en las 60 yardas. Y lo hizo usando dos zapatos diferentes, uno era como dos pulgadas más grande que el otro. Lo rellenó con una media para que ajustara. Eso era todo lo que podía hacer".

La parte defensiva estaba muy buena y Ferreira había arreglado las cosas para que Vladimir bateara varias veces, a fin de ver su pegada y poderío.

A Vladimir le fue muy mal en ese juego de exhibición.

En su primer turno dio un roletazo hacia el shortstop, pero estaba tan decidido a llegar a primera, que se lastimó un ligamento de la ingle.

Fueron dos partidos. En el primero se lastimó y se pasó el resto del tiempo en el banco, con la cabeza gacha; no pudo demostrar sus condiciones. Por esa razón, la peor evaluación que obtuvo fue en bateo.

Ferreira le dio 4/7 en bateo, en poder 5/7, en velocidad 5/6, en brazo 5/7 y en agresividad e instinto, en ambos obtuvo 6/6.

"Con lo que vi de él corriendo y tirando, proyecté su bateo", dijo Ferreira en la entrevista con Muder.

"Y terminamos firmándolo con un contrato por un bono muy pequeño. Luego, *The Sporting News* dijo que ese contrato era el segundo mejor en la historia del béisbol, sólo detrás del de Babe Ruth cuando los Medias Rojas se lo vendieron a los Yankees", dijo Ferreira.

La palabra "mejor", se refiere a lo más beneficioso para el equipo, no para el jugador, en otras palabras, un muy buen negocio.

En 1920, los Yankees de Nueva York anunciaron la adquisición de Babe Ruth tras pagarles $125,000 a los Medias Rojas de Boston.

Ruth luego se convirtió en el rey de los jonrones. Fue la primera gran celebridad del béisbol de Grandes Ligas, y uno de los peloteros más emblemáticos y legendarios en toda la historia del deporte.

A Vladimir, sin dudas, podríamos llamarle el

"jugador perfecto", fue el más barato en toda la historia del béisbol. Recordemos que por Vladimir, los Expos sólo pagaron 2,000 dólares.

Con muy poca plata inició la carrera profesional de Vladimir. Lo importante era agradecer que ya tenía un primer paso en su camino hacia el Gran Show, el resto dependería de él.

En 1993, el "escucha", el scout que firmaba, remitía a los prospectos a los equipos del béisbol profesional local. Macho envió a Vladimir a Los Leones del Escogido, pero el destino tenía otro plan para él.

Un peregrinaje a la Tierra Santa del béisbol dominicano.

San Pedro
de Macorís

La cita era para las 4:00 de la tarde, pero llegó a las 3:00, una hora antes al Estadio Quisqueya, en Santo Domingo, para reportarse ante Danilo Aquino, presidente del equipo Leones del Escogido. Esperó paciente como siempre durante horas, con humildad.

Cuando Aquino salió de su oficina, a las 7:00 PM, dijo que no hablaría con nadie porque el partido estaba a punto de empezar.

Vladimir esperó cuatro horas para nada.

Cuando habló con Macho, le manifestó sus quejas, diciéndole que no quería jugar para ese señor y ese equipo.

Cerrada esa puerta, Macho le ofreció la mejor opción que tenía y de esa forma Vladimir inició su camino al estrellato.

"Vete a San Pedro de Macorís, a las Estrellas

Orientales. Habla con Tete Antún, te estará esperando", le recomendó.

En el estadio Tetelo Vargas lo recibieron Luis Manuel Aguiló, Virgilio Rojo y José Dijol. El último prácticamente adoptó a Vladimir como a un hijo y hasta el día de hoy se mantiene esa relación entre ellos.

Todos ellos, desde 1993, fueron personas muy importantes en el desarrollo personal y profesional de Vladimir.

Dijol estaba encargado de llevarlo al hospital cuando se lesionaba, para asegurarse que se alimentara, tuviese medicamentos y cualquier otra cosa que necesitara.

El desaire de los Leones del Escogido llevó a Vladimir a San Pedro de Macorís, donde dejó estampadas las primeras marcas públicas de su monumental humildad.

En aquellos días, el mejor restaurante de San Pedro de Macorís era El Apolo, fundado por don Ramón Chea, un inmigrante chino; los peloteros de las Estrellas Orientales tenían cuenta abierta para almorzar y cenar ahí. Vladimir no comía en el

Apolo, le tuvieron que abrir una cuenta en un comedor popular en la entrada de San Pedro de Macorís, el "Comedor la Rotonda".

Nunca iba solo, se hacía acompañar de varios amigos. Todos miraban lo que había en el menú del día, hacían su selección, se sentaban y les servían.

Vladimir casi siempre comía lo mismo: mucha ensalada, arroz blanco, habichuelas y pollo guisado.

"San Pedro es mi segunda casa, mi primera casa es Don Gregorio, mi segunda casa es, por cómo me trataron en San Pedro", dijo Vladimir en una entrevista.

Virgilio Rojo, que desde que Vladimir llegó a San Pedro trabaja con él asesorándolo en varios aspectos, hoy maneja la imagen pública del nuevo inmortal del béisbol.

Rojo dice que en los más de 20 años tratando a Vladimir y trabajando para él, desde que era novato hasta ahora, "es la misma persona, nada ha cambiado en él".

Siempre fue un hombre parco al hablar, dice

Rojo, "es la misma persona calladita, de muy pocas palabras, que suele responder con monosílabos. En esa época conocí al que conozco hoy, ahora es, quizá, un poquito más expresivo".

Lo más importante, de acuerdo con las observaciones de Rojo, es que "ni la fama ni la fortuna lo han cambiado; Vladimir sigue siendo la misma persona".

Vladimir salió de San Pedro de Macorís, jugó en las menores un par de temporadas y en septiembre de 1996 llegó su oportunidad cuando lo llamaron al escenario del Gran Espectáculo.

El eminente analista deportivo petromacorisano, Juan Francisco Vilorio, ofreció una extensa entrevista en la radio del pueblo hablando de Vladimir y lo que significó su elección al Salón de la Fama.

Vilorio destacó las cualidades deportivas y humanas de Vladimir en dos programas radiales: COC Deportes y Viviendo los Hechos, por el circuito de emisoras COC en San Pedro de Macorís.

El analista estableció claramente las diferencias entre Vladimir y muchos otros jugadores destacados, cuyas reputaciones colapsaron en escándalos por el uso de esteroides y otras drogas.

"El juego de Vladimir siempre fue tan limpio, tan transparente, tan noble y tan honesto, que ni guantillas usaba para batear. Bateaba siempre a "mano pelá" (sin guantillas de bateo). Nadie nunca nos ha obsequiado con tanto talento, con tanta transparencia, naturalidad y humildad", expresó Vilorio.

Los hermanos Wilton y Vladimir Guerrero jugando con los Expos de Montreal, en Canadá.

Reclamándole al árbitro.

Las Grandes Ligas

En 1994, Felipe Rojas Alou fue electo Mánager del Año, por los triunfos de su equipo, los Expos de Montreal, y Raúl Mondesí fue electo Novato del Año.

En las elecciones dominicanas del 1994 hubo alegatos de fraude, y se fijaron elecciones para dentro de dos años, en 1996. Ganó Leonel Fernández, y se juramentó el 16 de Agosto.

En septiembre del 1996, los Expos necesitaban con urgencia un bateador de poder, con alta velocidad, lo tenían en las menores, y llamaron a Vladimir a las mayores.

En su libro Up and Away, sobre los Expos, el escritor canadiense Jonah Keri narra el momento en el que llegó Vladimir a Montreal.

El mánager, Felipe Rojas Alou, que de seguro había visto a Vladimir en las menores o en el béisbol invernal dominicano, reunió a su equipo de coaches.

"Nunca olvidaré esa reunión mientras viva", dijo Jim Tracy, el jefe de los coaches de Felipe, citado en el libro de Keri. "Felipe llamó al equipo de trabajo a su oficina. Y con esa voz profunda que tiene, oí este mensaje: "Déjenlo tranquilo".

Luego dijo:

"Habrá errores. La pelota no será tirada al de corte temprano. Su disciplina en el plato será bien cruda, en el mejor de los casos. Déjenlo. Tranquilo".

En Montreal las cosas fueron un tanto difíciles. La adaptación no fue tan catastrófica por varias razones.

Su hermano Wilton estaba en la ciudad jugando con el mismo equipo, que estaba lleno de jugadores dominicanos, dirigido por otro dominicano. También encontró a Pedro Martínez, quien llegó primero a Montreal.

Momentos estelares

En su adolescencia temprana, Vladimir fue violento y descontrolado, debido en gran medida a la ausencia de su madre, que emigró a Venezuela a trabajar como doméstica.

En Montreal su familia debía mantenerlo controlado.

En 1997, la madre de Vladimir, María Altagracia, se mudó a Montreal para ocuparse de su hijo.

En esa primera temporada que jugó completa, bateó .302; su OBP (porcentaje de llegar a la base) era .350, 11 cuadrangulares y 40 impulsadas.

En el año 2000, Vladimir tuvo su mejor temporada; 44 jonrones y un promedio de bateo de .345 y 123 impulsadas.

Cuatro años después, en 2004, Vladimir fue el Jugador Más Valioso (MVP) de la Liga Nacional, luego de haber bateado .337, con .391 OBP, 39 cuadrangulares y 126 impulsadas, y 126 carreras anotadas.

Al final de su carrera se había robado 181 bases y en el 2001 y el 2002, fue miembro del exclusivo club de los 30-30 (30 bases robadas y 30 cuadrangulares).

Con su segunda graduación en los 30/30, Dan Le Batard, escribió un trabajo sobre Vladimir publicado en el 2002 en *ESPN Magazine*, traducido por Ángel Rodríguez, donde empiezan a relucir momentos dramáticos de su niñez.

"La súper estrella más anónima del béisbol bebió agua de charcos cuando era un niño porque no tenía agua ni electricidad. Entonces la situación empeoro"', dice Batard.

Y añade, "la súper estrella más anónima en el deporte tenía que trabajar de niño en los campos dominicanos sembrando tomates, melones y cebollas, y usaba los minutos de descanso para hacer un desayuno con el pan que le daban y con lo que podía sacar de la tierra".

Vladimir ganó Bate de Plata en siete ocasiones durante su carrera, seis veces como outfielder y una como bateador designado. También fue a nueve juegos de estrellas.

El primer bate dominicano en Cooperstown era muy buen jugador defensivo. Siempre ha estado entre los líderes en errores con 125, pero también tuvo muchas asistencias. Su brazo era como un arma en el outfield. Terminó con 126 asistencias.

Vladimir tuvo un .379 PBP de carrera, también

es famoso por tirarle a cualquier bola. Tiene una habilidad natural de darle a los lanzamientos fuera de la zona de strike, en ocasiones hasta le tiró a un piconazo y conectó un hit.

Tras jugar con los Expos de 1996 a 2003, Vladimir es el líder de cuadrangulares de esa franquicia, con 234.

Los Expos dejaron Montreal y se establecieron como los Nacionales de Washington en 2005, por lo tanto, Vladimir también es campeón de las dos franquicias. Era un tipo extremadamente peligroso con el bate. Por el promedio de bateo en su carrera está entre los 21 mejores jugadores de todos los tiempos y ocupa el lugar número 14 entre los miembros del Salón de la Fama, muy por delante de sus contemporáneos, Mike Piazza y Ken Griffey Jr., ambos exaltados en 2017.

En el béisbol moderno, sólo 18 jugadores con tantos turnos al bate como Vladimir (9,059) se retiraron con un promedio de bateo de .318. Todos están en el Salón de la Fama.

Vladimir es el quinto bateador más temido del béisbol. Por eso los lanzadores le dieron 250 bases

Vladimir Guerrerro

por bolas intencionales y quedó como el quinto más temido de todos los tiempos. Él lideró su liga en bases por bolas intencionales cinco veces.

Vladimir está en el lugar 23 entre los miembros del Salón de la Fama con 449 cuadrangulares. Está entre Carl Yastrzemski y Andre Dawson. Sus 2,590 hits le dan el número 60, sobre Reggie Jackson. Sus 1,496 impulsadas le dan el número 39, debajo de Mickey Mantle. Vladimir se retiró con 140 OPS+ similar al de Alex Rodríguez, y mejor que Griffey y Tony Gwynn, ambos miembros del Salón de la Fama. Los .931 OPS de Vladimir, también le darían el lugar 18, debajo de Hack Wilson.

Entre los jugadores con por lo menos 9,000 turnos al bate en la historia moderna del béisbol, Vladimir ocupa el lugar numero 34.

De nuevo está por encima de Griffey y Gwynn, y otros miembros del Salón de la Fama, tales como Yastrzemski y Roberto Clemente.

Jugó para los Expos, los Angelinos de Los Ángeles, Texas Rangers y los Orioles de Baltimore.

Vladimir está empatado con Jeff Bagwell en la posición 38 de los mejores jonroneros de todos los tiempos. Conectó 449 en su carrera.

Al final de la temporada de 2011, jugando con los Orioles de Baltimore, Vladimir conectó su último cuadrangular en las Grandes Ligas, el 449.

Y anunció su retiro.

En el 2018, Vladimir fue exaltado a Cooperstown.

Compartiendo Las Bendiciones

Las madres son figuras centrales en las vidas de nuestras estrellas del béisbol. Doña Felicia (Cuta) Franco, la madre de Julio César Robles Franco, acompañó a su hijo a todas partes. Ella le cocinaba y estaba a cargo de su cuidado.

Mireya Sosa, la madre de Sammy Sosa, es tratada como lo que es, la matrona de la familia.

Pero antes que ellos, el legendario Ricardo (Rico) Carty, tenía a su madre, la partera del ingenio Consuelo, doña Oliva Carty, como el centro de su vida.

De algún modo, parece ser que el éxito en béisbol está íntimamente ligado a la disciplina y el cuidado que sólo una buena madre puede darle a su hijo, incluso en la adultez.

Vladimir no escapa a esa realidad. Su madre, María Altagracia Alvino, es la figura central de su vida. Estaba llamada a desempeñar una gran función materna.

Los peloteros son esencialmente "niños", sí, "niños", se ganan la vida "jugando". Los niños siempre necesitan del amor maternal, y ese amor se expresa, más que nada, en la comida, convirtiendo el cocinar en un acto de amor.

El amor de quien cocina a quienes comen se manifiesta con los ingredientes que escoge, el esmero y el cuidado puesto al elaborar cada plato.

A Vladimir no le gustaba la comida estadounidense ni la canadiense, para empezar. Llegó a Montreal en 1996 y al año siguiente su madre, María Altagracia, se había mudado para Montreal, para cocinarle y atender a su "muchachito".

Hay muchos dominicanos quienes sienten que no han comido si no comen arroz con habichuelas y carne de res o pollo guisado.

Vladimir es uno de ellos.

Su madre cocinaba, él comía antes de irse al estadio y se llevaba porciones adicionales para compartirlas con otros compatriotas que añoraban una buena comida casera.

J. C. Malone

Cuando los muchachos están lejos de casa y encuentran una madre que cocine bueno, automáticamente la señora pasa a ser la "mamá de todos".

Como la presencia de su madre era la principal de las bendiciones que tuvo Vladimir, la compartió con jugadores latinos de su equipo y de otros, que extrañaban la comida y el amor de sus madres.

Luego, llevaba suficiente comida para jugadores latinos y anglos. Al final, Vladimir llevaba varias libras de arroz, habichuelas y carne de pollo o res guisada al estadio de los Angelinos, todos los días.

Y en poco tiempo, algo extraño pasó.

Estaba de nuevo cumpliendo sus responsabilidades como encargado de transportar comida para los que trabajan. Como lo hizo cuando sus hermanos mayores labraban la tierra y como lo hizo con Wilton cuando estuvo en un campamento de béisbol en la República Dominicana.

Y la comida se colocaba en la misma mesa del bufé y todo el que quería se servía, incluyendo jugadores blancos y afroamericanos, disfrutando la comida de la madre de Vladimir.

Ella era una cocinera estupenda.

Vladimir Guerrerro

Y María Altagracia, la señora que una vez fue a ganarse la comida de sus hijos a Venezuela, terminó en Estados Unidos, alimentando a una súper estrella venezolana del béisbol.

Melvin Mora, el tercera base venezolano de los Orioles de Baltimore, escribió una carta felicitando a Vladimir y agradeciéndo la comida que María Altagracia le proporcionaba. La carta se hizo pública, a continuación, el texto.

"CARACAS (Venezuela) – Érase una vez un joven dominicano llamado Vladimir Guerrero, el hombre que tenía la zona de strike más rara del mundo. Digo rara porque no había una zona en donde le tiraran la bola que no le diera.

Vladimir era el bateador más difícil para jugarle la defensa, lo digo yo, que tuve que atrapar la bola con mis manos peladas. Era un pelotero que le cambiaba la forma y el programa a cada organización o mánager, por su forma de batear. Nunca fuiste un out fácil.

Vladimir es el hombre más sencillo del mundo, al igual que mi mejor amigo, Wilton Guerrero, su hermano.

Su mamá tenía un compromiso con todos los pelo-

teros latinos, no importaba de cuál país vinieran. Ella prometió que cuando su hijo firmara con un equipo de béisbol, no iba a descansar hasta darle a cualquier pelotero latino su buena comida, jugara en el equipo con sus hijos o en contra de ellos, ya que a ellos también los ayudaron en su tiempo.

Esta dama, madre de Vladimir y Wilton, es la responsable de que todos estos latinos que jugamos con y contra sus hijos, no pasáramos hambre ni necesidades en los viajes. Nos daba la mejor atención para que tuviéramos éxito y les repito el porqué: esta señora, maravillosa madre de este inmortal, juró ante Dios que nunca ningún pelotero latino pasaría hambre mientras ella viviera.

Lo digo con orgullo, soy uno de ésos, y sé que muchos de mis compañeros y amigos que jugaron conmigo y en contra, saben de lo que hablo.

Cada vez que llegábamos a Montreal, con los Mets de New York, siempre veía comida latina en el club house, y yo, siendo rookie, pensé que era normal ver comida latina en Montreal, pero no era así. Era tu madre, Vladimir, quien nos hacía la comida a los latinos.

Ojo, hasta los gringos se la comían.

Vladimir Guerrerro

Cuando llegué a la Liga Americana volví a conseguir comida con el mismo sazón dominicano, pero esta vez en California, con Los Angelinos, sazón que nunca olvidaré. Y aunque no soy dominicano, creo que por allá paso desapercibido, como uno de ustedes, y debo decir que amo a la REPÚBLICA DOMINICANA, con MAYÚSCULAS.

No tengo palabras con qué darle las gracias a tan privilegiada familia. Vladimir, en nombre de la familia Mora, te doy gracias por hacer de la pelota algo innovador y, sobre todo, por ayudarnos incondicionalmente, a ti y a tu madre, que nunca decía que no y siempre estaba ahí para todos.

Gracias por poner el nombre de la República Dominicana en alto y también el nombre de los latinos. Siempre te recordaré, INMORTAL, porque para mí siempre has sido un pelotero de otra galaxia.

Gracias por tu humildad, te queremos y disfruta tu HALL OF FAME.

Atentamente,

Melvin Mora"

Compartir siempre multiplica y retorna las bendiciones. Por eso, compartiendo la bendición de la comida maternal con todo el mundo, Vladimir y su familia han sido bendecidos abundantemente.

Dios, Familia, Humildad y Comunidad

"Te voy a decir algo que a nadie se lo he dicho", prometió Vladimir en una entrevista. "En el 2011, yo no se lo dije a nadie, yo estoy bateando .240 con Baltimore, y yo nada más lo pensé, me dije, 'este equipo no va para ningún lado, yo voy a jugar para mí solo.

Cuando me acosté oí una voz que me dijo así mismo: '¿Cuándo yo te he puesto a jugar para ti solo?'

Cerré los ojos y me repite lo mismo.

Al día siguiente llamé a mi mamá a las 6:00 de la mañana y se lo comenté. Mi mamá me preguntó que a quién se lo había dicho, le respondí que 'sólo lo pensé'.

Entonces ella me dijo 'pídele perdón a Dios', le pedí perdón a Dios y terminé siendo el que más bateó de Baltimore ese año", relató Vladimir.

"Dios me ayudó mucho en mi carrera, siempre ando con mi Biblia, cuando yo duermo abro el salmo 20 o el salmo 121, lo abro en la cabecera de mi cama, siempre tengo a Dios de primero, en todo, siempre debemos temerle", añadió.

Y explicó que la fe cristiana y militancia evangélica es parte de su historia familiar. "En mi familia casi todos son evangélicos, desde que nací he visto a mis tías, mis abuelos en la iglesia. Mi mamá se convirtió después de que yo era grande", precisó.

Todos son cristianos en su familia, excepto él y su hermano menor Julio, los demás "son miembros de una iglesia evangélica, pero todos nosotros siempre ponemos a Dios ante todo".

Sus dos hermanos mayores, Eliezer y Wilton Guerrero, luego de ser estrellas de las Grandes Ligas ahora brillan en otro terreno. Wilton y Eliezer tienen bandas que producen música cristiana.

La familia

"Me siento bien con mi familia, hay buenos y malos, entre mis 10 hermanos y hermanas. No todos nos llevamos muy bien, pero la mayoría siempre estamos juntos, compartiendo", dice Vladimir.

La estrecha relación entre Vladimir y su madre se explica en esta cita de una de sus entrevistas con el Listín Diario, el periódico más viejo de la República Dominicana.

"Todo lo que soy se lo debo a mi madre. Ella fue quien me brindó los valores que tengo y siempre estuvo a mi lado durante mi carrera en las Grandes Ligas", expresó Vladimir.

Para entender cómo funciona la familia Guerrero, son valiosas las observaciones de alguien que no pertenece a ella pero lleva más de dos décadas observándola desde adentro.

Virgilio Rojo, el asesor y publicista de Vladimir, lleva más de 20 años trabajando con él, ha observado la estructura, dinámica y disciplina de la familia Guerrero.

"Tienen una disciplina interna bien clara; los menores respetan a los mayores", dijo Rojo.

"Vladimir escucha, respeta y obedece la autoridad de su madre, su padre y sus abuelos", asegura Rojo antes de añadir que "la cuestión no se detiene ahí, cuando Eliezer o Wilton le hablan, los escucha y obedece con la misma humildad", expresa.

"En realidad", comenta Rojo, "él pasa mucho tiempo con la familia, es como si intentara recuperar todo el tiempo que estuvo lejos de ella durante los 20 años que jugó en las Grandes Ligas. Cualquier día, Vladimir visita la casa de la tía, habla con su hijo Vladimir Jr. que lleva una fructífera carrera en el béisbol y con varios de sus sobrinos.

Y su concepto de la familia es bastante extendido, porque mucha de la gente que se crió con él recibe el tratamiento de familia.

Y es una familia de peloteros, "no es sólo mi hijo también tengo sobrinos, uno que está con Cincinnati y otro que está con los Mets, y otro con Chicago White Sox, y siempre, siempre, siempre trato de compartir con ellos", añadió Vladimir.

"Cuando nos juntamos siempre jugamos softball", revela. El siente que la juventud de su pueblo, inmediaciones y toda la nación que le admira y aspira alcanzar las cosas que él alcanzó, son personas que él considera parte de su familia y las trata como tal.

Vladimir siempre está disponible para ellos, porque estima que la familia en realidad trasciende los vínculos sanguíneos, que envuelve a mucha más gente.

La comunidad

"Hay muchos niños que no son míos, no son mis hijos, ni mis sobrinos, hay muchos, que uno les da comida, ropa, guantes, bates y bolas, son muchos muchachos con los que comparto", reveló Vladimir.

Con frecuencia sus amigos de infancia llegan a su casa procurando ayuda para resolver problemas económicos, de salud u otra índole y Vladimir siempre está disponible.

En septiembre de cada año, Vladimir reparte mochilas y útiles escolares para los niños de su comunidad.

Rojo explica que Vladimir se toma muy en serio su trabajo de servicio comunitario, no sólo en la repartición de útiles escolares y juguetes a los niños más desfavorecidos.

También prepara un programa de charlas educativas no sólo para su comunidad, sino también especializadas, para que los prospectos del béisbol entiendan mejor el deporte y el mundo que lo envuelve.

El objetivo, dijo Rojo, es crear una institución sin fines de lucro que se encargue de manejar y administrar todos los programas y donaciones.

"Recién iniciamos, pero estamos trabajando en perfeccionar algunas cosas y ampliar otras, cuando todo esté listo entonces pasaremos a la fundación legal de la institución sin fines de lucro que manejará esos programas", dijo Rojo.

El amor de Vladimir por su comunidad no es unilateral, es muy bien correspondido. Un coro infantil de la comunidad, patrocinado por la Refinería Dominicana de Petróleo (REFIDOMSA), lo visitó poco después del anuncio de su elección al Salón de la Fama y le llevó un concierto a su casa.

Vladimir es rico y famoso, pero a todo lo que hace, le imprime algo una característica muy especial de su personalidad.

Humildad

"La importancia de la humildad es que cuando uno se muera nada se va a llevar, si tu familia quiere te compra la caja. O te entierran sin caja", dice Vladimir.

Es una reflexión muy sencilla, profunda y educativa, proveniente de alguien que no pasó el sexto grado, seguida de un poderoso ejemplo.

Relató que alguien en su pueblo que tenía mucho dinero pensaba que caminaba sin tocar el suelo, pero tuvo un accidente y descubrió que su dinero no podía salvarle la vida. "Y lo enterraron en una caja porque su familia decidió comprársela".

Poco después de ser electo a Cooperstown, Vladimir visitó el George Washington Educational Campus en Washington Heights, en el norte de Manhattan.

Estuvo, como a nadie ha de extrañar, acompañado por su madre, doña María Altagracia, ahí le preguntaron por cuál razón, después de 20 años en las Grandes Ligas, no hablaba inglés.

Confesó que aprender el idioma le resultó difícil en el inicio, y que un entrenador de bateo le recomendó, "olvida el inglés, habla con el bate". Siguió esas instrucciones y llegó al Salón de la Fama.

Esta súper estrella del béisbol, multimillonario, viste pantalones cortos y camisetas sin mangas, calzado con las chancletas (sandalias) más baratas del mundo.

En una ocasión le preguntaron por qué, si tiene tanto dinero, utiliza esas sandalias tan baratas pudiendo calzar unas de mayor calidad y elegancia.

Vladimir recordó que en su momento era tan pobre que hasta le faltaba dinero para comprar esas chancletas y que ahora, que tiene mucho dinero, le gusta poder comprarlas sin mayores dificultades.

"Vladimir es una persona querida tanto aquí en República Dominicana como en Estados Unidos y son muchos los compromisos que tenemos por delante", señaló Rojo, al Listín Diario.

"El boom que ha provocado su exaltación ha sido altamente ponderado por millones de personas, que además valoran la sencillez y humildad con la que siempre se ha manejado", dice Rojo.

La fama y la fortuna no han cambiado en nada

quién es Vladimir Guerrero. Él sigue vestido sencillamente, caminando por las calles de su pueblo, tomando tragos en las esquinas y colmados con la gente que conoce desde niño.

Fe en Dios, amor a su familia, comunidad, y su monumental humildad, son esenciales para Vladimir Guerrero, el tercer dominicano en Cooperstown.

En los próximos 10 años, es muy posible que haya por lo menos media docena de dominicanos exaltados al Salón de la Fama del Béisbol.

Vladimir Guerrerro

Año	Equipo	JJ	AB	C	H	CP	BB	P	J	BR
2011	Orioles	145	562	60	163	63	17	56	13	2
2010	Rangers	152	593	83	178	115	35	60	29	4
2009	Angels	100	383	59	113	50	19	56	15	2
2008	Angels	143	541	85	164	91	51	77	27	5
2007	Angels	150	574	89	186	125	71	62	27	2
2006	Angels	156	607	92	200	116	50	68	33	15
2005	Angels	141	520	95	165	108	61	48	32	13
2004	Angels	156	612	124	206	126	52	74	39	15
2003	Nationals	112	394	71	130	79	63	53	25	9
2002	Nationals	161	614	106	206	111	84	70	39	40
2001	Nationals	159	599	107	184	108	60	88	34	37
2000	Nationals	154	571	101	197	123	58	74	44	9
1999	Nationals	160	610	102	193	131	55	62	42	14
1998	Nationals	159	623	108	202	109	42	95	38	11
1997	Nationals	90	325	44	98	40	19	39	11	3
1996	Nationals	9	27	2	5	1	0	3	1	0
Trayectoria		2,147	8,155	1,328	2,590	1,496	737	985	449	181

Vocabulario

Amateur: Sinónimo de Aficionado. El que practica sin ser profesional un arte, o un deporte. Usado también como sustantivo. "Actor, deportista amateur."

Credenciales: Documento que acredita a una persona para desempeñar una determinada función.

Carrera de Obstáculos: Es una Carrera donde los corredores saltan sobre obstáculos mientras corren. El número de obstáculos en las carreras depende de la distancia.

Destartalada: Descompuesto, frágil, desproporcionado y sin orden. Usado también como sustantivo.

Destino: Situación a la que supuestamente se llega de forma inevitable, impulsado por una fuerza desconocida e irresistible. Lugar al que se dirige algo o alguien.

Embargo: Una prohibición oficial de comercializar con un país específico.

Eminente: Que sobresale en mérito u otra cualidad sobre los otros de su grupo. Alto, elevado, que descuella entre lo que lo rodea.

Fantabuloso: es una palabra compuesta por fantástico y fabuloso.

Promulgación: Publicar formalmente una ley u otra disposición de la autoridad, a fin de que sea cumplida y hecha cumplir como obligatoria. Cuando los presidentes firman una ley para que entre en vigencia.

Bibliografía

Mason Crest

Vladimir Guerrero (Superstars of Baseball) Encuadernación de biblioteca – 1 Enero 2013 Tania Rodríguez editorial Editorial : Lerner Publications

Jonah Keri

Up, Up, and Away: The Kid, the Hawk, Rock, Vladi, Pedro, le Grand Orange, Youppi!, the Crazy Business of Baseball, and the Ill-fated but Unforgettable Montreal Expos. Random House Canada.

Sloan MacRae

Meet Vladimir Guerrero: Baseball's Super Vlad (All-Star Players) Encuadernación de biblioteca – Ilustrado. Editorial: Powerkids Pr; Illustrated edición.

The Sporting News

ESPN Magazine

Listín Diario

Sobre El Autor

J.C. Malone, es periodista, analista político y escritor neoyorquino de origen dominicano. Sus análisis han sido publicados en inglés por The Christian Science Monitor, the Baltimore Sun, Hispanic Link y The Grand Rapids Press. En español, sus escritos lo han publicado los periodicos en español Miami Herald, Los Angeles Times y el Chicago Tribune. En Nueva York, hace análisis para Univisión 41, TeleMundo 47 y NY1 Noticias. En su nativa República Dominicana el Listín Diario, el periódico más viejo de la nación, y el Matutino Alternativo, publican sus trabajos.

DEPORTIVAS DOMINICANAS
Campeones Olímpicos

Félix Sánchez ganó la primera medalla de oro dominicana en los Juegos Olímpicos de Atenas, 2004, en Londres, 2012, Sánchez ganó su segunda medalla de oro, la tercera del país.

El boxeador Félix Díaz ganó la segunda medalla de oro dominicana, en las Olimpíadas de Pekín, 2008. Marileidy Paulino, la en ganar una medalla de oro olímpica, ganó la cuarta medalla de oro en los Juegos Olímpicos de Paris, 2024

Las Reinas del Caribe forman uno de los mejores equipos de voleibol del mundo, han ganado múltiples torneos internacionales.

En el Salón de la Fama del Béisbol

Juan Marichal (1983)

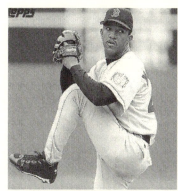

Pedro Martínez (2015)

Vladimir Guerrero (2018)

David Ortiz (2022)

Adrian Beltré (2024)

Made in the USA
Middletown, DE
17 March 2025

72790064R00058